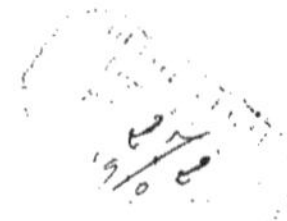

FONDATION EUGÈNE PIOT

PEINTURES DE L'ANCIEN TESTAMENT DANS UN MANUSCRIT SYRIAQUE DU VIIE OU VIIIE SIÈCLE

PAR

H. OMONT

Extrait des *Monuments et Mémoires* publiés par l'Académie des Inscriptions et Belles-Lettres
Premier fascicule du Tome XVII

PARIS
ERNEST LEROUX, ÉDITEUR
28, RUE BONAPARTE, 28
1909

SOMMAIRE DU PREMIER FASCICULE

PLANCHES

FONDATION EUGÈNE PIOT

PEINTURES DE L'ANCIEN TESTAMENT

DANS UN MANUSCRIT SYRIAQUE

DU VIIE OU VIIIE SIÈCLE

PAR

H. OMONT

Extrait des *Monuments et Mémoires* publiés par l'Académie des Inscriptions et Belles-Lettres
Premier fascicule du Tome XVII

PARIS
ERNEST LEROUX, ÉDITEUR
28, RUE BONAPARTE, 28
1909

PEINTURES
DE L'ANCIEN TESTAMENT
DANS UN MANUSCRIT SYRIAQUE
DU VIIe OU DU VIIIe SIÈCLE

PLANCHES V-IX

Les églises d'Orient ont possédé de bonne heure des exemplaires luxueusement calligraphiés des textes ou des versions de l'Ancien et du Nouveau Testament[1], que d'habiles miniaturistes avaient illustrés à profusion de peintures offrant les images des principaux personnages bibliques et rappelant les scènes les plus célèbres de l'Écriture sainte. Ceux de ces antiques et précieux manuscrits, qui, en bien petit nombre, sont parvenus jusqu'à nous, peuvent se répartir en deux groupes, dont les caractères sont très nettement tranchés, l'un antérieur, l'autre postérieur au VIIIe siècle, c'est-à-dire à l'époque des Iconoclastes.

Le premier groupe a conservé les modèles vénérables d'un art,

1. Saint Jean Chrysostome, dans sa 22e homélie sur saint Jean (Migne, *Patr. gr.*, LIX, 187), et saint Jérôme, dans un passage maintes fois cité de sa préface au livre de Job, s'élèvent déjà contre le luxe avec lequel étaient copiés de leur temps les Livres saints.

qui doit beaucoup à l'antiquité; tels sont, en dehors de la *Genèse* de Cotton, dont quelques débris seuls subsistent au Musée britannique de Londres[1], la *Genèse* de Vienne[2], les *Évangiles* de Rossano[3] et le *Saint Matthieu* de Sinope, aujourd'hui à Paris[4], auxquels leur ornementation permet de rattacher les *Évangiles* syriaques, copiés en 586 par le moine Rabula et conservés depuis la fin du xve siècle à la Laurentienne de Florence[5].

Au second groupe, différencié très nettement du premier par le style et surtout par la technique de ses peintures, appartiennent entre autres le *Cosmas* et le *Josué* du Vatican[6], ainsi que le grand *Psautier* de Paris[7], œuvres admirables de la première renaissance de l'art byzantin.

Entre ces deux groupes il faut désormais, semble-t-il, réserver une place à part à un manuscrit syriaque, également orné de peintures, presque contemporain des *Évangiles* de Rabula et qui paraît devoir apporter un nouvel et important témoignage du rayonnement en Orient, dès une époque ancienne, de l'influence artistique de Byzance[8].

1. Voir E. M. Thompson, *Catalogue of ancient manuscripts in the British Museum*, part I, Greek (London, 1881, in-fol.), p. 20-21, et l'introduction de mes *Fac-similés des miniatures des plus anciens manuscrits grecs de la Bibliothèque nationale* (Paris, 1902, in-fol.), p. 1 et suiv.

2. Voir *Die Wiener Genesis*, herausgegeben von W. Ritter von Hartel und Fr. Wickhoff (Wien, 1895, in-fol.); Separatausgabe der Beilage zum XV. und XVI. Bande des *Jahrbuches der kunsthistorischen Sammlungen des allerhoechsten-Kaiserhauses*).

3. Voir les différentes publications des miniatures de ce manuscrit par MM. O. von Gebhardt et Ad. Harnack (1880), A. Haseloff (1898) et A. Muñoz, *Il codice purpureo di Rossano* (1907).

4. Voir *Monuments Piot*, t. VII (1900), p. 175-185 et pl. XVI-XIX (en couleurs), et mes *Fac-similés de miniatures... de la Bibliothèque nationale*, p. 1-4.

5. Voir Assemani, *Bibliothecae Mediceae Laurentianae et Palatinae codicum mss. orientalium catalogus* (1742), p. 1-25 et 26 planches à la fin; reproduit par Biscioni, *Bibliothecae Mediceae Laurentianae catalogus*, ...tomus I (1752), p. 44-57; avec les 26 planches, et explication aux p. 169-199.

6. *Le miniature della* Topografia cristiana *di Cosma Indicopleuste, codice Vaticano greco 699*, con introduzione di Mgr. C. Stornajolo (Milano, 1908, in-fol. oblong), et *Il rotulo di Giosue, codice Palatino Vaticano greco 431* (Milano, 1905, in-folio, et atlas gr. in-fol.).

7. Ms. grec 139; voir mes *Fac-similés de miniatures ...de la Bibliothèque nationale*, p. 4-10 et pl. I-XIV.

8. On trouvera sur la question des origines orientales de l'art byzantin, soulevée et défendue avec beaucoup de talent par M. J. Strzygowski, deux exposés très clairs de MM. L. Bréhier, *Orient ou*

Ce volume, récemment entré dans les collections de la Bibliothèque nationale[1], contenait, lorsqu'il était complet, le texte entier de la version peschito de l'Ancien et du Nouveau Testament, calligraphiée sur trois colonnes en une élégante écriture estranghélo, dont on peut faire remonter la date au VIIe ou au VIIIe siècle[2]. L'illustration de l'Ancien Testament seul y comptait une trentaine de miniatures ; il n'en reste plus aujourd'hui que vingt-trois. Les autres sont depuis longtemps perdues, ainsi qu'en témoignent des feuillets de papier, ajoutés au XIVe siècle sans doute, pour compléter le manuscrit et sur lesquels la place de plusieurs miniatures a été réservée[3]. Voici le détail de toutes ces miniatures :

Fol. 1. Genèse. — Les premiers feuillets manquent.
Fol. 8. Exode. — *Miniature* remontée (1).
Fol. 17 v°. Lévitique. — Feuillet refait, avec place de la miniature (1/2 col.). — Fleuron à la fin, au fol. 24 v° (2).
Fol. 25. Nombres. — *Miniature* remontée (3).
Fol. 36 v°. Deutéronome. — *Miniature* (4).
Fol. 46. Job. — *Miniature* (5).
Fol. 52 v°. Josué. — *Miniature* (6).
Fol. 59 v°. Juges. — Pas de miniature.
Fol. 66. Ruth. — Feuillet refait, sans miniature.
Fol. 67 v°. Samuel. — Feuillet refait, avec place de la miniature (double 1/2 page).
Fol. 84. Rois. — Feuillet refait, avec place de la miniature (double 1/2 page).
Fol. 101. Paralipomènes. — Pas de miniature.
Fol. 118. Proverbes. — *Miniature* (7).

Byzance (*Revue archéologique*, 1906, t. II, p. 396-412), et G. Millet, *Byzance et non l'Orient* (ibid., 1908, t. I, p. 171-189).

1. Ms. syriaque 341, composé de 246 feuillets, à 3 colonnes, sur parchemin, mesurant 312 millimètres sur 230.

2. Voir les planches de fac-similés de manuscrits qui accompagnent le tome III du *Catalogue of the syriac manuscripts in the British Museum*, de M. W. Wright (London, 1872, in-4°) et *The Palaeographical Society... Oriental series*, edited by W. Wright (London, 1875-1883, in-fol.); un seul ms. syriaque du Musée britannique, copié sur trois colonnes et daté de 411, est reproduit à la planche XI ; l'écriture d'un autre ms. des Évangiles, daté de 600 et reproduit sur la planche XCIX, offre de grandes analogies avec celle du présent ms., pour lequel l'encre de couleur fauve, avec points voyelles ajoutés postérieurement en une encre noire, est une preuve nouvelle d'antiquité.

3. Les deux premières miniatures (fol. 8 et 25) ont été remontées sur les feuillets de papier ajoutés lors de la restauration du manuscrit.

Fol. 124. Ecclésiaste. — Pas de miniature.

Fol. 126. Cantique des cantiques. — Pas de miniature.

Fol. 126 v°. Sagesse. — Pas de miniature.

Fol. 131. Prière de Manassès. — Feuillet refait, sans miniature.

Fol. 143. Isaïe. — Feuillet refait, avec place de la miniature (1/2 col.). — Fleuron à la fin au fol. 143 (8).

Fol. 143 v°. Jérémie. — *Miniature* (9).

Fol. 157 v°. Lamentations de Jérémie. — Sans miniature.

Fol. 159. Deux lettres de Baruch. — Sans miniature.

Fol. 161 v°. Lettre de Jérémie. — Feuillet refait, sans miniature.

Fol. 162. Ézéchiel. — *Miniature* (10).

Fol. 174. Osée. — *Miniature* (11).

Fol. 175 v°. Joel. — *Miniature* (12).

Fol. 176 v°. Amos. — Feuillet refait, avec place de la miniature (1/3 col.).

Fol. 178. Abdias. — *Miniature* (13).

Fol. 178 v°. Jonas. — *Miniature* (14).

Fol. 179. Michée. — *Miniature* (15).

Fol. 180. Nahum. — *Miniature* (16).

Fol. 180 v°. Habacuc. — *Miniature* (17).

Fol. 181. Sophonie. — *Miniature* (18).

Fol. 181 v°. Aggée. — *Miniature* (19).

Fol. 182. Zacharie. — *Miniature* (20).

Fol. 184 v°. Malachie. — Feuillet refait, sans miniature.

Fol. 185. Histoire de Suzanne. — Pas de miniature.

Fol. 186. Daniel. — *Miniature* (21).

Fol. 190. Histoire de Bel et du Dragon. — Pas de miniature.

Fol. 191. Psaumes. — Feuillet refait, avec place de la miniature (1/2 col.).

Fol. 205. Cantiques de Moïse (*Exode*, XV, 1, et *Deutéronome*, XXXII, 1), d'Isaïe (XLII, 10) et début de l'hymne de S. Ephrem. — Pas de miniature.

Fol. 206 v°. Esther. — Feuillet refait, avec place de la miniature (fol. 206).

Fol. 208. Judith. — Pas de miniature.

Fol. 212. Esdras (et Nehémie). — *Miniature* (22).

Fol. 218 v°. Ecclésiastique de Jésus, fils de Sirach. — *Miniature* (23).

Fol. 228. Machabées, livres I-III, début. — Pas de miniature; mais 1/2 col. blanche au fol. 227 v°.

Fol. 246. *Nouveau Testament*. — Fin de l'épître de S. Paul à Timothée et début de l'épître à Tite (un seul feuillet subsistant).

Ainsi une dizaine de miniatures de l'Ancien Testament manquent aujourd'hui dans le volume et on a à déplorer sans doute la perte de celles qui devaient figurer en tête des livres de la Genèse, du Lévitique, de Samuel, des Rois, d'Isaïe, Amos et Malachie, des Psaumes, d'Esther et des Machabées.

Le style de ces miniatures, la carnation des personnages, l'éclat de leurs yeux, l'emploi prédominant de la couleur rouge sont caractéristiques de l'art de l'Orient syriaque[1]. Mais le peintre, auquel est due l'illustration du manuscrit, a certainement eu sous les yeux un modèle grec, contemporain ou plus ancien, qu'il s'est appliqué à reproduire, en dépit de diverses négligences et d'une certaine lourdeur dans le dessin[2].

Description des miniatures.

1. (Fol. 8, col. I et 2.) *Moïse et Aaron devant Pharaon.* — Pharaon porte une tunique blanche, courte, serrée à la taille et ornée de parements et d'une bordure jaunâtres ; un grand manteau pourpre, attaché sur l'épaule droite par une agrafe ornée d'une pierre bleue, retombe sur son épaule gauche et enveloppe son genou gauche ; ses jambes et ses pieds sont recouverts de bas de couleur pourpre, auxquels sont attachés des sandales jaunâtres. Un bandeau blanc ceint ses cheveux, noirs comme sa barbe, qu'il porte entière. Il est assis sur son trône, le corps légèrement incliné en avant, comme s'il allait se lever, la main droite posée sur son genou, tandis que sa main gauche tient le haut de son sceptre, dont l'autre extrémité est élevée à la hauteur de son genou. Le trône, de couleur jaunâtre, sur lequel est posé un coussin rouge, avec une étoffe de même cou-

1. Voir N. Kondakoff, *Histoire de l'art byzantin*, traduction Trawinski (Paris, 1886, in-4°), t. I, p. 121 et suiv.

2. On remarquera un dernier détail d'ordre général : aucun des personnages ne porte de nimbe ; doit-on y reconnaître une influence iconoclaste?

leur pendant au devant, est orné de perles et de pierres précieuses, comme aussi le tabouret sur lequel Pharaon pose le bout de ses pieds. Trois gardes imberbes, à la chevelure noire, vêtus de rouge et de bleu, deux au moins armés de lances, se voient debout derrière le trône ; l'un d'eux tient un grand bouclier rond, de couleur bleue, avec une bordure jaune ; un autre, la tête couverte d'un casque bleu et paraissant revêtu d'une armure de même couleur, porte élevé, derrière la tête de Pharaon, un bouclier ovale, de couleur blanchâtre et aussi bordé de jaune.

Moïse, le bras droit levé, s'avance devant Pharaon et lui fait part des ordres du Seigneur (*Exode*, V, 1-5). Il est vêtu d'une longue tunique blanche, à double bande noire, ou pourpre, et drapé dans une ample toge blanche ; ses pieds sont chaussés de noir. Derrière lui est Aaron, dans le même costume, et tenant de la main droite un bâton appuyé sur l'épaule. Tous deux ont les cheveux et la barbe (y compris Moïse) de couleur blanche, avec une teinte verdâtre. Le sol, au pied des personnages, est peint en vert, le fond de la scène est brunâtre et l'encadrement de la miniature, qui a été remontée, est de couleur pourpre, bordé d'un mince filet bleu, avec un semis de fleurettes blanches ; aux quatre angles, quatre petits pois bleus sont disposés en carré avec un cinquième au centre.

2. (Fol. 24 v°, col. 3.) *Fleuron*, à la fin du *Lévitique*. — Le fond jaunâtre de ce fleuron, semé de fleurs rouges à tiges vertes, est encadré d'un filet vert, terminé à ses quatre angles par des feuilles de même couleur. Au milieu, dans un rectangle réservé en blanc, est peint un vase bleu, à anses jaunes, cerclé de jaune au-dessus de la panse, et accosté de deux oiseaux bleus.

3. (Fol. 25, col. 1 et 2 entières.) I. *Aaron et les verges des douze tribus d'Israël*. — Aaron, les cheveux et la barbe blancs, coiffé d'un bonnet rouge, orné de pierreries, porte une longue tunique blanche, avec une large bande jaune sur le devant, serrée à la taille par une ceinture également large, de couleur rose et chargée de pierreries. Son manteau blanc, à bordure jaune, est attaché sur le devant par une grosse agrafe jaune ornée d'une pierre bleue ; plusieurs sonnettes, pendant au bas du manteau, complètent le costume du grand prêtre, qui porte des chaussures jaunes (*Exode*, XXVIII). Il est debout, tenant à la main droite la verge de la tribu de Lévi, dont le sommet est garni de feuillages verts (*Nombres*, XVII, 1-9), tandis que de la main gauche il ramène devant lui un pan de son manteau. Les représentants des onze autres tribus d'Israël sont debout à ses côtés (cinq à sa droite et six à sa gauche), têtes nues, vêtus de tuniques blanches et rouges avec bandes jaunâtres et drapés dans des manteaux de couleur bleue, rouge ou pourpre. Leurs chaussures blanches se détachent sur un sol de sable de couleur rosée et le fond de la scène est jaunâtre.

II. *Les Israélites et le serpent d'airain.* — L'arche d'alliance, de couleur jaunâtre, en forme de coffre cubique avec moulures, élevée sur quatre pieds, repose sur un socle carré, blanc et bordé de pourpre. Elle est abritée sous un pavillon à toit rouge avec bordure dorée, terminé au sommet par une pomme rouge et supporté par quatre minces colonnettes rouges, à chapiteaux et bases dorés. Deux petits rideaux bleus, semés de pois rouges et à franges bleues, pendent à droite et à gauche entre les deux colonnes, et plus bas on aperçoit les chérubins, gardiens de l'arche. Le serpent d'airain, de couleur rouge et moucheté de blanc, qui doit guérir les Israélites (*Nombres*, XXI, 8-9), est suspendu enroulé, au-dessous de l'arcade du milieu. Trois Israélites debout et un quatrième assis se tiennent devant lui ; leurs figures sont effacées, mais on aperçoit encore leurs tuniques courtes, serrées à la taille, de couleur rouge, bleue et jaune, tirant sur le vert, avec leurs jambes nues. Celui qui est assis à terre porte une tunique bleuâtre ; il paraît souffrir de morsures de serpents et palpe ses jambes avec ses mains. Le sol et le fond sont les mêmes que dans la précédente miniature. L'encadrement, commun aux deux miniatures, est jaunâtre avec un filet rouge et vert ; dans la partie plus large, au haut et au bas, on voit des volutes et, au milieu, des rosaces, alternativement rouges, bleues et vertes.

4. (Fol. 36 v°, col. 1.) *Moïse portant le rouleau de la Loi.* — Moïse, imberbe, est debout, vêtu d'une longue tunique blanche, à double bande de pourpre, et drapé dans une toge également blanche, dont les plis sont marqués par une légère teinte verte ; ses cheveux sont blancs, teintés aussi de vert et il porte des chaussures jaunes. Sa main droite tient un bâton appuyé sur l'épaule et de sa main gauche il porte le texte de la Loi, enroulé sur deux cylindres, ornés à leur extrémité supérieure. Le fond du taqleau est jaunâtre au haut et rosé dans le bas. L'encadrement est vert, or et rouge, avec un semis de fleurettes blanches sur les larges bandes rouges du haut et du bas.

5. (Fol. 46, col. 1 et 2.) *Job, sa femme et ses amis.* — Job, complètement nu, avec un linge blanc autour des reins, est étendu sur un fumier de couleur rouge foncé tirant sur le brun ; son corps est rougeâtre et couvert de nombreuses pustules roses ; des plaques grises et rouges se voient à la place de ses cheveux et de sa barbe. Devant lui sont rangés deux pots, dont un à anse, entre lesquels est une cruche à anse. Plus loin, sa femme est assise à terre, dans une attitude désolée ; les jambes croisées et les pieds nus, elle porte une longue robe jaunâtre, avec un voile blanc sur la tête et les épaules. En face de Job sont figurés ses trois amis : deux sont assis, avec la barbe et les cheveux blancs, qui l'entretiennent et semblent le plaindre ; le troisième, debout, au fond du tableau, à côté d'une maisonnette blanche à toit rouge, la barbe et les cheveux rougeâtres, s'avance, entr'ouvrant sa tunique en un geste de douleur. Tous trois sont vêtus de courtes tuniques blanches, serrées à la taille, au-dessous desquelles ils portent d'étroites culottes rouges ou bleues, avec parements de couleurs différentes au bas, et des souliers jaunes, sauf le troisième, dont les jambes sont recouvertes de bottes également jaunes. Le fond du tableau est formé par un ciel bleu et le sol est de couleur rosée. L'encadrement jaunâtre est orné au haut et au bas de volutes rouges et bleues, avec un pointillé blanc, qui figure peut-être des fleurettes.

6. (Fol. 52 v°, col. 1.) *Josué arrêtant le soleil.* — Josué, sous les traits d'un général d'armée, est debout, nu-tête, les cheveux et la barbe blancs, teintés de bleu ; il porte une armure jaune, avec une garniture bleue sur le devant de la poitrine ; au-dessous paraît sa tunique courte et à manches, de couleur rouge ; ses jambes sont nues et il a aux pieds de hautes chaussures blanches, dont la partie supérieure retombe sur le cordon rouge qui les enserre. De la main gauche il soutient un large sabre à poignée jaune, dont le fourreau et la courroie d'attache sont rouges. Sa main droite est levée pour arrêter le soleil, figuré sous la forme d'une boule rouge, lançant en bas des rayons de même couleur ; à côté est le croissant blanc de la lune. Les deux astres sont peints sur un demi-cercle bleu, qui figure le ciel, au-dessous duquel est un fond jaunâtre, puis le sol rosé. L'encadrement est jaune et les bandes du haut et du bas présentent une sorte de mosaïque ou marqueterie de petits carrés alternativement rouges, bleus et blancs.

7. (Fol. 118, col. 1 et 2.) *La Vierge entre Salomon et l'Église (?)*[1]. — Salomon est figuré debout, imberbe, portant le costume d'un empereur byzantin, avec le diadème, orné de perles et de pendeloques bleues. Il est vêtu d'une longue tunique blanche, avec galons rouges aux poignets, recouverte du manteau pourpre, orné sur le devant de la *tabula aurea* ; ses chaussures, de couleur pourpre aussi, sont ornées de perles. De la main gauche il porte un gros livre (*codex*), à tranches blanches, relié en rouge, avec fermoirs également rouges.

La Vierge, au centre du tableau, est aussi debout, chaussée de rouge et vêtue d'une longue robe, de couleur pourpre foncée avec

1. Cette miniature est peinte en tête des *Proverbes* et c'est la seule qui illustre les *Livres sapientiaux*.

double bande jaunâtre ; sa tête est recouverte d'un long voile de même couleur pourpre, tombant à mi-jambes et orné de franges au bas, avec une petite croix blanche au-dessus du front, au haut duquel apparaît sa coiffure, ou bonnet de couleur bleuâtre, ornée de perles blanches. De ses deux bras, allongés le long du corps, elle tient devant elle, se détachant dans l'ovale bleu du nimbe, la figure d'Emmanuel, ou du Christ enfant, debout, nimbé, vêtu d'une longue tunique blanche et drapé dans un manteau jaune, allusion aux paroles d'Isaïe (VII, 14), rappelées par saint Matthieu (I, 23).

Une troisième figure représente une femme debout, dans laquelle il faut peut-être reconnaître la Sagesse, ou plutôt l'Église. Elle est vêtue d'une longue tunique blanche, à double bande jaunâtre, drapée dans un grand voile rouge, à franges de même couleur, tombant jusqu'à ses genoux et recouvrant sa tête, tout en laissant apercevoir aussi sur son front sa coiffure, ou bonnet de couleur bleuâtre ; ses chaussures sont également rouges. Sa main droite tient une longue hampe surmontée d'une croix jaune, ornée à ses quatre extrémités de huit pierres bleues ; de la main gauche elle porte un livre (*codex*) à tranches blanches, recouvert d'une reliure jaune, ornée de pierreries ou de plaques d'orfèvrerie, rouges et bleues, disposées en forme de croix et avec des fermoirs rouges. Le fond de la scène est jaunâtre en haut et rosé en bas. L'encadrement est rouge, et les larges bandes du haut et du bas sont ornées de volutes alternativement rouges, bleues et blanches, entre lesquelles sont semés de petits ornements blancs de diverses formes.

8. (Fol. 143, col. 3.) *Fleuron*, à la fin de la prophétie d'Isaïe. — D'un vase à anses bleu, cerclé d'or au-dessus de la panse, sort une vigne à tiges jaunes, portant des feuilles vertes, des vrilles rouges et des grappes de raisins roses. Deux oiseaux, à plumes bleues, avec la tête et les ailes roses, sont perchés sur les anses du vase. L'encadrement est formé d'un simple filet rouge, qui manque au haut et il n'y a point de fond peint.

9-21. *Les Prophètes.* — Cette suite de figures offre les images de trois des grands et de dix des petits prophètes ; les figures d'Isaïe, d'Amos et de Malachie ne sont plus aujourd'hui dans le volume. Le peintre, auquel sont dues ces peintures, a eu sous les yeux un modèle certainement analogue à celui qui a servi plus tard à l'illustration du *Cosmas* du Vatican, avec cette différence toutefois, que, dans le présent manuscrit, les prophètes tiennent à la main un rouleau (*volumen*), tandis que, dans le *Cosmas*, ils portent un *codex*, contenant le texte de leurs prophéties. Tous, à l'exception de Daniel, sont à peu près uniformément vêtus d'une longue tunique blanche, à double bande pourpre, drapés à l'antique dans une toge également blanche, et chaussés de sandales. Ils se détachent tous, hormis Jérémie et Ézéchiel, sur un simple fond jaunâtre, encadré d'un filet rouge, et leur nom est inscrit en caractères syriaques à la hauteur de leur visage.

9. (Fol. 143 v°, col. 1.) *Jérémie.* — Le prophète, imberbe, avec une chevelure noire et courte, est vêtu d'une tunique blanche à bande de pourpre et enveloppé de sa toge, portant au bas la lettre H, d'où l'on voit sortir seulement l'extrémité de sa main[1] droite ; il lève la tête dans la direction de l'Éternel, représenté par une main bénissante, sortant du ciel, figuré par un quart de cercle peint en bleu. Au-dessous de l'Éternel, en face de Jérémie, est dressée verticalement et suspendue en l'air la « verge qui veille » (*Jérémie*, I, 11). Le fond est jaunâtre au haut, puis violacé et rosé au bas ; l'encadrement est jaune, avec larges bandeaux bleus, semés de fleurettes et de petits points rouges, en haut et en bas.

10. (Fol. 162, col. 2.) *Ézéchiel.* — Le prophète, à cheveux et barbe blancs, touche avec un bâton, qu'il tient de la main droite, un amas d'ossements humains, peints en jaune et soulignés de rouge ;

1. Cf. Garrucci, *Storia della arte cristiana* (1877), t. IV, pl. 246, n° 5, etc.

sur l'ordre de l'Éternel, figuré encore par une main bénissante sortant du ciel, il prophétise et ces ossements reviennent à la vie (*Ézéchiel*, XXXVII, 1 et suiv.). Le fond est semblable à celui de la peinture précédente et l'encadrement jaune, en haut et en bas, est orné de volutes vertes et bordé de lignes avec pointillé rouges.

11. (Fol. 174, col. 1.) *Osée*. — Cheveux et barbe noirs.

12. (Fol. 175 v°, col. 3.) *Joel*. — Cheveux et barbe blancs, teintés de vert.

13. (Fol. 178, col. 2.) *Abdias*. — Cheveux et barbe blancs, teintés de vert.

14. (Fol. 178 v°, col. 1.) *Jonas*. Barbe et cheveux courts, de couleur jaune-vert.

15. (Fol. 179, col. 1.) *Michée*. — Barbe et cheveux jaune foncé, teinté de vert.

16. (Fol. 180, col. 2.) *Nahum*. — Barbe et cheveux jaunâtres ; les pieds reposent sur un tertre doré.

17. (Fol. 180 v°, col. 2.) *Habacuc*. — Barbe et cheveux blancs, teintés de bleu ; les pieds reposent sur un tertre vert et doré.

18. (Fol. 181, col. 2.) *Sophonie*. — Barbe et cheveux gris-blanc.

19. (Fol, 181 v°, col. 3.) *Aggée*. — Barbe allongée et cheveux gris-noir.

20. (Fol. 182, col. 3.) *Zacharie*. — La barbe et les cheveux blancs, teintés de bleu, Zacharie tient de la main droite une faucille, à manche court et dont la pointe est tournée vers son visage. Cette même faucille, dont le manche est muni de petites ailes, s'élève en l'air en face de Zacharie, dans les *Évangiles* de Rabula, conformément au texte du verset I du chapitre V de la version des Septante, et on la retrouve aussi, mais au bout d'un long manche et sous une forme légèrement différente, dans le *Cosmas* du Vatican.

21. (Fol. 186, col. 2.) *Daniel.* — Le prophète, imberbe, debout, les deux bras étendus et les mains ouvertes dans l'attitude de la prière, porte sur ses cheveux noirs un bonnet rouge, orné d'une bande d'or verticale ; il est vêtu d'une tunique rouge, courte, serrée à la taille et relevée entre les jambes, ornée d'une bande jaune sur le devant et de bandes également jaunes aux poignets ; il porte aussi une culotte longue, de couleur bleue et semée de fleurettes rouges, avec une bordure rouge ornée de petits cercles blancs avec points au milieu au bas des jambes. Ses épaules sont recouvertes d'un grand manteau de couleur pourpre, avec un semis de points blancs, bordé de jaune et attaché sur sa poitrine par une agrafe jaune, ornée d'une grosse pierre bleue. Ses pieds, chaussés de jaune, reposent sur le bord de l'ouverture circulaire, peinte en bleu, d'un bloc de pierre carré, qui figure sans doute l'entrée de la fosse aux lions, d'où il vient de sortir (*Daniel,* VI, 16-23).

22. (Fol. 212, col. 3.) *Esdras.* — Vêtu d'une longue tunique blanche, à double bande de pourpre, et drapé dans un ample manteau blanc, Esdras, les cheveux et la barbe blancs, nu-pieds, se tient debout, les deux bras nus étendus et les mains ouvertes, dans l'attitude de la prière. Il sort d'un portique, surmonté au milieu d'un dôme en coupole, soutenu par quatre colonnettes de marbre bleuâtre teinté de rouge, dont les chapiteaux sont de même couleur et les bases de couleur rose, un peu plus foncé que le sol sur lequel elles reposent. Entre les colonnettes, au-dessous d'un fond jaunâtre, pendent, de chaque côté d'Esdras, deux longs rideaux rouges, garnis au haut d'une bordure bleue et en bas d'une petite bande de même couleur, au-dessus d'une large bordure d'or avec franges rouges. De chaque côté du dôme ou coupole, dont l'intérieur est rayé de stries de coquille, et au-dessus duquel a été ajoutée une pomme bleue, que la photographie n'a pas reproduite, sont peints deux oiseaux affrontés à plumes blanches et bleuâtres.

23. (Fol. 218 v°, col. 3.) *Jésus, fils de Sirach.* — Debout, la barbe et les cheveux de couleur jaune-brun, les pieds nus, avec des sandales, vêtu d'une longue tunique blanche, à double bande de pourpre, et drapé dans un grand manteau jaune, Jésus, fils de Sirach, tient de ses deux mains un livre (*codex*), à couverture rouge, ornée d'une croix d'or et avec fermoirs également rouges. Il sort d'un portique, surmonté au milieu d'un dôme ou coupole rouge, supporté par quatre colonnettes rouges, avec chapiteaux, ornés de croix rouges, et bases jaunes. Au sommet de la coupole, ou dôme, une croix jaune a été ajoutée et à l'intérieur est peinte une vigne rouge à feuilles vertes. Derrière les colonnes, sur toute la largeur, pend un grand rideau bleu, orné au haut et au bas d'une large bande d'or, avec des franges rouges. Le fond du tableau est bleu en haut, violacé vers le bas et le sol rosé.

H. OMONT.

TOME SEPTIÈME, avec 20 planches.

L. Heuzey. Autre taureau androcéphale, statuettes à incrustations (Musée du Louvre).
A. De Ridder. Amphore à figures rouges (Cabinet des Médailles).
A. Skias. Skyphos à figures rouges trouvé à Eleusis (Musée d'Athènes).
A. Foucher. Sculptures gréco-bouddhiques (Musée du Louvre).
F. de Mély. Le Coffret de Saint-Nazaire de Milan et le manuscrit de l'« Iliade » de l'Ambrosienne.
G. Schlumberger. L'Ivoire Barberini (Musée du Louvre).
Dom E. Roulin. Tableau byzantin inédit (Musée épiscopal de Vich).
G. Bénédite. Sur un étui de tablette trouvé à Thèbes (Musée du Louvre).
M. Berthelot. Sur les métaux égyptiens ; étude sur un étui métallique et ses inscriptions.
Henri Lechat. La tête Rampin, marbre antique du VIe siècle avant notre ère (Musée du Louvre).
Étienne Michon. Tête d'Athéna Parthénos (Musée du Louvre).
H. Omont. Peintures du manuscrit grec de l'Évangile de saint Matthieu, copié en onciales d'or sur parchemin pourpré (Bibliothèque nationale).
Paul Vitry. Une œuvre de Guido Mazzoni ou de son atelier en France : Le Groupe de la Dormition de la Vierge à la Trinité de Fécamp.

TOME HUITIÈME, avec 22 planches.

Robert de Lasteyrie. Études sur la sculpture française au moyen âge.

TOME NEUVIÈME, avec 20 planches.

Max. Collignon. Situla en ivoire provenant de Chiusi (Musée du Louvre).
Camille Gaspar. Le peintre céramiste Smikros, à propos d'un vase inédit du Musée de Bruxelles.
E. Audouin. La Minerve de Poitiers.
Camille Benoit. La Résurrection de Lazare par Gérard de Harlem.
Eugène Müntz. Tapisseries allégoriques inédites ou peu connues.
Georges Bénédite. Un guerrier libyen, figurine égyptienne en bronze incrusté d'argent (Musée du Louvre).
Edmond Pottier. Epilykos, Étude de céramique grecque.
Ant. Héron de Villefosse. Le Canthare d'Alise.
Théodore Reinach. Le Sarcophage de Sidamaria.
Gustave Schlumberger. Deux bas-reliefs byzantins de stéatite de la plus belle époque (Collection de Mme la comtesse R. de Béarn).

TOME DIXIÈME, avec 21 planches.

Collignon. Sculptures grecques trouvées à Tralles (Musée de Constantinople).
Salomon Reinach. Vase doré à reliefs (Musée de Constantinople).
E. Pottier. Note complémentaire sur Epilykos.
P. Hartwig. Danaé dans le coffre, hydrie appartenant au Musée de Boston.
Joseph Buche. Le Mars de Coligny (Musée de Lyon).
Théodore Reinach. Note additionnelle sur le sarcophage de Sidamaria.
André Michel. La Madone dite d'Auvillers (Musée du Louvre).
Georges Bénédite. Une nouvelle palette en schiste.
P. Perdrizet et **L. Chesnay.** La métropole de Serrès.
F. de Mély. Vases de Cana.
Marcel Dieulafoy. La statuaire polychrome en Espagne, du XIIe au XVe siècle.
Paul Leprieur. Le don Albert Bossy au Musée du Louvre.
Camille Benoit. Le tableau de l'Invention de la Vraie Croix et l'École française du Nord dans la seconde moitié du XVe siècle.

TOME ONZIÈME, avec 41 planches.

Salomon Reinach. Le manuscrit des Grandes Chroniques de l'histoire de France de la Bibliothèque de Philippe le Bon, à Saint-Pétersbourg, reproduit en 41 planches en héliogravure.

TOME DOUZIÈME, avec 20 planches.

Georges Bénédite. La stèle dite du Roi serpent.
Léon Heuzey. Le chien du roi Soumou-Ilou (fouilles du capitaine Cros en Chaldée).
Max. Collignon. Deux lécythes attiques à fond blanc et à pointures polychromes (Musée du Louvre et Musée archéologique de Madrid).
André De Ridder. Bronzes syriens.
Ant. Héron de Villefosse. Les sarcophages peints trouvés à Carthage.
Paul Gauckler. Un catalogue figuré de la batellerie gréco-romaine : la mosaïque d'Althiburus.
H. Omont. Dosiades et Théocrite offrant leurs poèmes à Apollon et à Pan.
Étienne Michon. Un bas-relief de bronze du Musée du Louvre.
Étienne Michon. Lécythe funéraire en marbre de style attique (Musée du Louvre).
G. Schlumberger. L'inscription du reliquaire byzantin en forme d'église du Trésor d'Aix-la-Chapelle.
F. de Mély. Le Trésor de la sacristie des Patriarches de Moscou.
Arthur Frothingham. Le modèle de l'église Saint-Maclou, à Rouen.
André Michel. La Vierge et l'Enfant, statue en pierre peinte.
Gaston Migeon. Deux œuvres de la Renaissance italienne.

TOME TREIZIÈME, avec 21 planches.

Georges Bénédite. A propos d'un buste égyptien récemment acquis par le Musée du Louvre.
Jean Capart. Tête égyptienne du Musée de Bruxelles.
Jean Ebersolt. Fresques byzantines de Nereditsi d'après les aquarelles de M. Brajlovsky.
André Michel. Saint Matthieu écrivant sous la dictée de l'ange, bas-relief en pierre (Musée du Louvre).
Raymond Kœchlin. Les retables français en ivoire du commencement du XIVe siècle.
Gaston Migeon. Trois faïences orientales, lustrées au Musée du Louvre.
F. de Mély. Le retable de Boulbon au Louvre et les miniatures de Chugoinot à Aix-en-Provence.
G. Perrot. Une statuette de la Cyrénaïque et l'Aphrodite anadyomène d'Apelle.
F. de Mély. La tête d'Éros de la Collection d'Harcourt.
Max. Collignon. Tête d'Éros en marbre de la Collection d'Harcourt (appartenant à Mme de Bioncourt).
E. Pottier. Une clinique grecque au Ve siècle (Vase attique de la Collection Peytel).
Max. Collignon. Une sculpture d'Égine : tête d'Athéna en marbre (Collection de M. le marquis de Vogüé).
Paul Gauckler. Mosaïques tombales d'une chapelle de martyrs à Thabraca.
Ph. Lauer. La Capella de Brivio (Musée du Louvre).
P. Vitry. Deux têtes décoratives du XIIIe siècle, appartenant à M. Pol Neveux.

TOME QUATORZIÈME avec 24 planches dont 14 en couleurs.

Marcel Bulard. Peintures murales et Mosaïques de Délos. . . . . Prix : 50 fr.

TOME QUINZIÈME, avec 18 planches.

Philippe Lauer. Le Trésor du Sancta Sanctorum.

TOME SEIZIÈME, avec 22 planches dont 3 en couleurs.

Léon Heuzey. Une des sept stèles de Goudéa, d'après les découvertes du commandant Cros.
Frederik Poulsen. Fragment d'un grand vase funéraire découvert à Délos.
Ch. Diehl et Marcel Le Tourneau. Les mosaïques de Sainte-Sophie de Salonique.
H.-F. Delaborde et Ph. Lauer. Un projet de décoration murale inspiré du *Credo* de Joinville.
Raymond Kœchlin. Un retable français du XIVe siècle au musée de Berlin.
Gaston Migeon. Le Tireur d'épine, petit bronze de la Renaissance italienne.
Edmond Pottier. Vases peints à sujets homériques.
Paul Vitry. Une tête du Christ du XIIe siècle (Collection de M. Jacques Doucet).
Conrad de Mandach. Un atelier provençal du XVe siècle : le « Saint Michel » du Musée Calvet, la « Pietà » de Villeneuve-les-Avignon et les œuvres de Nicolas Froment.
F. de Mély. La tête de Laocoon de la Collection d'Arenberg à Bruxelles.

CHARTRES. — IMPRIMERIE DURAND, RUE FULBERT.

www.ingramcontent.com/pod-product-compliance
Ingram Content Group UK Ltd.
Pitfield, Milton Keynes, MK11 3LW, UK
UKHW021030220726
13924UKWH00001B/224